# DÉCRET

## DU 13 NOVEMBRE 1899

PORTANT

# RÉORGANISATION

DES

## RÉGIMENTS DE SPAHIS ALGÉRIENS

(Ext rait du *Journal militaire*, 2e semestre 1899, n° 36.)

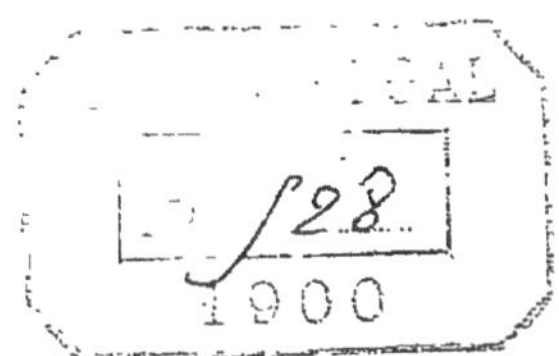

## PARIS

### LIBRAIRIE MILITAIRE R. CHAPELOT et Ce

IMPRIMEURS-ÉDITEURS

SUCCESSEURS DE L. BAUDOIN

30, Rue et Passage Dauphine, 30

1900

# DÉCRET

## DU 13 NOVEMBRE 1899

PORTANT

# RÉORGANISATION

DES

## RÉGIMENTS DE SPAHIS ALGÉRIENS

Le Président de la République française,

Vu les lois du 9 mars 1831, du 13 mars 1875 et du 25 juillet 1893 ;

Les ordonnances royales du 10 mai 1844 et du 21 juillet 1845 ;

Les décrets du 21 avril 1866, du 6 janvier 1874, du 8 juin 1883, du 17 août 1886, du 16 novembre 1887, du 14 janvier 1889, des 29 mai et 27 décembre 1890, du 9 janvier 1896, du 1er mai 1897 et du 22 septembre 1898 ;

Vu les arrêtés ministériels du 5 août 1845 et du 1er mai 1862 ;

Sur le rapport du Ministre de la guerre,

Décrète :

## CHAPITRE Ier.

ORGANISATION, RECRUTEMENT, ENGAGEMENT ET RENGAGEMENT.

Art. 1er. Les régiments de spahis, créés par ordonnance royale du 24 juillet 1845 et réglementés en leur manière d'être par le décret du 21 avril 1866 et l'arrêté ministériel du 1er mai 1862, modifiés dans leur organisation par les décrets du 6 janvier 1874 et du 1er mai 1897 seront, à partir de la date du présent décret, régis par les règles suivantes :

Art. 2. Le nombre de ces régiments est fixé à quatre ; le 4e régiment est stationné en Tunisie ; chacun de ces régiments a cinq escadrons.

Art. 3. Le 4ᵉ régiment de spahis, qui fait l'objet d'une réglementation à part, quant à son mode de recrutement, reste soumis aux dispositions du décret du 17 août 1886.

Art. 4. Jusqu'à ce qu'il en soit autrement décidé, le 1ᵉʳ régiment de spahis demeure constitué à six escadrons et son 6ᵉ escadron resté en entier à la disposition du département de la marine pour être employé au Sénégal. L'escadron soudanais ne compte pas à ce régiment ; il lui est simplement rattaché pour ordre.

Art. 5. La composition des cadres de chaque régiment de spahis est fixée par la loi des cadres (tableau 3 de la série B, annexé à la loi du 13 mars 1875, modifié par la loi du 25 juillet 1893, art. 4, en ce qui concerne les cadres, officiers).

Dans chaque escadron, il est réservé aux indigènes la moitié des emplois de sous-lieutenant ou lieutenant, de maréchal des logis et de brigadier. Les places attribuées à l'élément français ne pourront être affectées à l'élément indigène.

Art. 6. Suivant les besoins de l'occupation et de la défense du pays, les régiments de spahis peuvent avoir des escadrons mobiles et des escadrons sédentaires. Les escadrons mobiles sont logés dans les bâtiments de l'Etat et constituent des troupes de garnison.

Ils sont soumis aux prescriptions générales du présent décret.

En ce qui concerne leur situation particulière, les escadrons sédentaires sont l'objet de dispositions spéciales édictées au chapitre III.

Art. 7. Les trois régiments de spahis algériens se recrutent au moyen d'engagements volontaires et de rengagements ; ils peuvent, en outre, recevoir, pour alimenter le cadre, des militaires venant d'autres corps de l'armée.

Art. 8. Sur la proposition du capitaine commandant, et avec l'approbation du chef de corps, tout indigène âgé de 18 ans au moins et de 30 ans au plus peut être admis à servir dans les régiments de spahis.

Peuvent se rengager au delà de 30 ans, les indigènes ayant des services antérieurs qui leur permettent de parfaire 15 années de présence sous les drapeaux avant d'avoir dépassé l'âge de 45 ans.

Après trois rengagements ou après 15 ans de services effectifs, les indigènes ne peuvent être conservés ou réadmis sous les drapeaux qu'en qualité de commissionnés.

L'engagement a lieu aux conditions suivantes :

1° Réunir les qualités nécessaires pour faire un bon service ;

2° N'avoir pas de mauvais antécédents ;

3° S'engager à servir quatre ans dans les conditions formulées par le présent décret.

L'âge est constaté dans les formes usitées en Algérie.

L'aptitude physique est reconnue par un médecin militaire.

La conduite et la moralité sont appréciées par le commandant du régiment dans lequel l'indigène demande à entrer. Cet officier supérieur peut déléguer ses pouvoirs au commandant d'escadron.

Cette appréciation aura pour base un certificat de moralité délivré par le maire ou l'administrateur en territoire civil, par le commandant du cercle ou le chef d'annexe en territoire militaire, et, à défaut, un certificat du commissaire de police ou un extrait du casier judiciaire accompagné des pièces établissant l'identité.

En principe, l'engagé doit être célibataire s'il doit servir dans un escadron mobile, et un spahi de 1re ou de 2e classe ne peut être autorisé à se marier que s'il fait partie d'un escadron sédentaire.

Art. 9. L'engagement des indigènes est reçu par un sous-intendant militaire ou par un officier en faisant fonctions, en présence d'un interprète assermenté ou non assermenté et de deux témoins pris parmi les officiers, sous-officiers, caporaux ou brigadiers indigènes.

L'interprète explique les conditions de l'engagement au contractant, qui déclare s'y soumettre; déclare, en outre, s'il a ou non servi antérieurement et prête serment sur le Coran de servir fidèlement la France, partout où le gouvernement juge utile de l'employer et particulièrement sur toute l'étendue des possessions françaises en Afrique.

Mention de ce serment est faite sur l'acte d'engagement.

L'acte d'engagement devra toujours être rédigé conformément au modèle annexé au présent décret.

Art. 10. Tout indigène qui, invité à déclarer si, antérieurement, il a servi dans l'armée, à quelque titre que ce soit, fera une réponse mensongère ou dissimulera son véritable nom ou son état civil, sera puni d'un emprisonnement d'un an au moins et de cinq ans au plus, et d'une amende qui ne pourra être inférieure au montant de la prime d'engagement, ni supérieure à 3,000 francs.

Les dispositions de l'article 463 du Code pénal, sur les circonstances atténuantes, ne seront pas applicables à ce délit.

Art. 11. La durée de chacun des deux premiers rengagements est de quatre ans; celle du troisième et dernier rengagement est de trois ans.

Les rengagements, comme les engagements, peuvent être reçus par l'officier faisant fonctions de sous-intendant militaire.

L'acte de rengagement devra toujours être rédigé conformément au modèle annexé au présent décret.

Art. 12. L'engagement et les deux premiers rengagements donnent droit à des primes en argent. Des hautes payes sont en outre attribuées aux spahis comptant plus de quatre années de services. Ces primes et ces hautes payes sont déterminées par les tarifs (annexe n° 1).

Art. 13. Les cavaliers indigènes ayant subi une condamnation, et ceux dont la conduite serait d'un exemple pernicieux pour leurs camarades, pourront être envoyés dans la section de discipline du régiment de tirailleurs algériens de leur division territoriale et recevront alors la même solde que les tirailleurs disciplinaires.

Art. 14. L'engagement des Français est contracté conformément aux lois en vigueur. Tout Français se présentant pour s'engager dans un régiment de spahis doit, pour être admis, réunir les conditions exigées pour remplir un des emplois du cadre, et avoir obtenu le consentement écrit du chef de corps.

Art. 15. La nomination des adjudants, des maréchaux des logis chefs, des maréchaux des logis, des fourriers, ainsi que des brigadiers français et indigènes, leur rétrogradation et leur cassation sont soumises aux règles et formalités prescrites pour les corps français.

Il en est de même des nominations et cassations de cavaliers de 1re classe.

Art. 16. Les élèves-brigadiers, les ouvriers selliers, tailleurs, bottiers, les aides-maréchaux ferrants, les ordonnances et les trompettes nécessaires aux régiments de spahis, qui ne pourraient pas leur être fournis par voie d'engagements volontaires seront recrutés directement parmi les appelés des contingents annuels. Le général commandant le 19e corps d'armée fait connaître chaque année au Ministre, le 1er juillet au plus tard, le nombre de jeunes soldats qu'il y a lieu de faire diriger sur chacun des régiments de spahis algériens.

Art. 17. Les militaires appartenant à d'autres corps de l'armée ne peuvent être envoyés d'office aux spahis ou y passer pour convenance personnelle qu'autant qu'il leur reste deux ans au moins de service à accomplir.


## CHAPITRE II.

### ÉTAT ET AVANCEMENT DES OFFICIERS FRANÇAIS ET INDIGÈNES.
### DROIT AU COMMANDEMENT.

Art. 18. Les dispositions sur l'avancement en vigueur dans l'armée française sont applicables aux officiers français et militaires français des régiments de spahis.

Art. 19. Les officiers indigènes sont nommés par le Président de la République.

Ils ont droit au bénéfice de la loi du 19 mai 1834.

Il leur est réservé la moitié des places de lieutenant ou sous-lieutenant existant dans les escadrons de chaque corps. Ces emplois leur sont conférés au choix et dans leur régiment. Les officiers indigènes peuvent changer de corps par voie de mutations d'office, ou de permutations pour convenance personnelle prononcées dans la même forme que pour les officiers français ; mais ces changements de corps ne peuvent avoir lieu que pour les régiments de spahis.

Art. 20. Alors même qu'il se fait naturaliser après son entrée au service, l'officier indigène sert toujours au titre sous lequel il s'est engagé. Il ne peut être admis à servir au titre français que par un décret fixant son nouveau rang d'ancienneté.

Art. 21. Pour être nommé sous-lieutenant indigène, le candidat officier doit justifier de connaissances générales et professionnelles suffisantes, dans un examen passé devant une commission régimentaire ainsi composée :

Le chef de corps,
Un chef d'escadrons,
Un capitaine français,
Un lieutenant français.

Les matières de cet examen sont indiquées dans un programme annexé au présent décret (annexe n° 4).

Le sous-officier qui a subi cette première épreuve avec succès est présenté à l'inspecteur général, qui l'examine à nouveau et décide s'il y a lieu de maintenir la proposition.

Le candidat inscrit au tableau d'avancement sera promu sans passer par l'Ecole de cavalerie.

A titre d'exception, certains sous-officiers indigènes pourront être envoyés à Saumur, s'il est reconnu qu'ils possèdent une instruction générale assez forte pour suivre avec fruit les cours enseignés dans cette école.

Les sous-officiers indigènes qui ont suivi avec succès les cours de l'Ecole d'application de cavalerie sont traités en élèves-officiers jusqu'à leur promotion au grade de sous-lieutenant.

Ils sont pourvus des premiers emplois de sous-lieutenants indigènes qui deviennent vacants soit dans leur régiment, soit, à défaut et sur demande spéciale de leur part, dans les autres corps de spahis, de préférence aux candidats classés pour le même grade, sans avoir suivi le cours de Saumur.

Art. 22. Lorsqu'un sous-officier indigène sera inscrit au tableau d'avancement pour le grade de sous-lieutenant, il sera nommé « élève-officier ».

Dans cet emploi, il jouira des prérogatives de l'adjudant et remplira les fonctions d'officier dans un peloton dont le chef est absent.

Sa tenue sera celle des autres sous-officiers mais il portera, sur les manches de la veste, les galons d'élève-officier, tels qu'ils sont portés à l'Ecole de cavalerie.

Il touchera la solde attribuée aux élèves-officiers suivant les cours de l'Ecole de cavalerie, à moins qu'il ne lui soit alloué déjà une solde plus élevée.

Art. 23. En règle générale, l'officier indigène est appelé à terminer sa carrière dans le grade de lieutenant.

Pour atteindre ce grade, il doit, comme sous-lieutenant et dans la 4e année d'ancienneté de ce grade, satisfaire à un examen professionnel prouvant qu'il est apte au commandement d'un détachement. (Voir le programme de cet examen à l'annexe n° 5.)

Art. 24. Pourra être nommé capitaine au titre indigène, mais dans des cas très exceptionnels, le lieutenant naturalisé Français, qui aura mérité cette faveur par des services particulièrement distingués.

Cet officier ne pourra concourir pour le grade de capitaine commandant.

Art. 25. A grade égal, et en toutes circonstances, l'officier français a le commandement.

En aucun cas, l'officier indigène ne saurait être chargé des détails d'un escadron, ni occuper l'emploi de lieutenant en premier.

S'il se trouve le plus élevé en grade, il prend le commandement, mais les détails d'administration sont confiés à l'officier français de grade immédiatement inférieur.

Le commandement d'un détachement isolé, ne comportant qu'un officier, ne peut être exercé par un officier indigène que s'il est du grade de lieutenant, ou si, comme sous-lieutenant, il a subi avec succès les examens prescrits à l'article 21.


## CHAPITRE III.

### DISPOSITIONS CONCERNANT LES ESCADRONS SÉDENTAIRES.

Art. 26. Les escadrons sédentaires sont et demeurent établis sur des terrains militaires qui leur ont été précédemment concédés.

Ils y forment des douars dans lesquels ils vivent avec leurs familles, leurs serviteurs et leurs troupeaux.

Les spahis de ces escadrons reçoivent un lot de terrain qu'ils cultivent à leur gré et dont le produit leur appartient exclusivement, à la réserve toutefois des quotes-parts qu'il paraîtrait utile de leur faire verser dans l'intérêt général de l'exploitation pour alimenter le fonds dont il sera question plus loin.

 Les officiers français et militaires français ne reçoivent pas de lot de terrain, et dans aucun cas ils ne peuvent s'occuper à cultiver pour leur compte personnel.

Les lots de terrain sont répartis, entre les spahis, par voie de tirage au sort.

Art. 27. Les spahis sont exempts des impôts auxquels sont soumis les indigènes des tribus. Toutefois, cette exemption, en dehors des lots dont ils jouissent en vertu de l'article précédent, ne s'applique qu'aux terres, troupeaux et animaux qui sont leur propriété personnelle.

Art. 28. Les associés de culture, tels que khammès ou chériks, employés par les spahis, et, en général, tous les indigènes civils résidant sur le territoire militaire sont l'objet d'un contrôle constant de la part du commandant de l'escadron ou du détachement.

En dehors des spahis et de leurs parents, nul indigène ne peut être admis à résider sur le territoire militaire, s'il ne motive cette résidence par un emploi quelconque et s'il n'a reçu, au préalable, la permission écrite des autorités administratives desquelles il relève. Les troupeaux et animaux amenés sur le territoire occupé par l'escadron sont constamment l'objet d'une surveillance minutieuse. S'ils appartiennent à un spahi, celui-ci doit faire la preuve légale de la possession. S'ils sont la propriété d'un indigène civil, ce dernier doit justifier que ces biens ne sont pas soustraits à l'impôt et qu'ils figurent sur les rôles de sa commune d'origine.

L'exécution de ces prescriptions est placée sous la responsabilité du capitaine commandant et le contrôle de ses supérieurs.

Art. 29. Le recrutement des escadrons établis sur le terrain militaire s'effectuera de préférence au moyen d'indigènes (gradés ou non gradés) servant ou ayant servi deux ans dans l'un des escadrons mobiles et justifiant des moyens nécessaires pour faire valoir le lot de culture qui pourra leur être attribué sur le territoire militaire.

Art. 30. Les escadrons sédentaires constituent des établissements militaires, et, à ce titre, ils relèvent du commandement du territoire.

Ils n'en sont pas moins soumis, comme les escadrons mobiles de spahis, à toutes les règles d'administration des corps de troupe, aux prescriptions du décret du 4 octobre 1891 sur le service des places, et en particulier à celles de l'article 32 dudit décret.

Art. 31. Dans les régiments de spahis algériens comprenant des escadrons sédentaires, il est créé un fonds d'exploitation pour chacun de ces escadrons.

L'objet du fonds d'exploitation est de pourvoir aux dépenses communes de chaque établissement.

Une instruction ministérielle déterminera les règles de fonctionnement du fonds d'exploitation, notamment en ce qui concerne les recettes et les dépenses.

Art. 32. Le commandement des escadrons sédentaires n'est pas donné suivant la série d'ancienneté des capitaines; il est attribué, comme celui de tous les établissements militaires, par décision spéciale du Ministre, à des officiers présentés par le chef de corps à l'inspection générale et ayant justifié des garanties et des aptitudes nécessaires.

## CHAPITRE IV.

### ADMINISTRATION. — SOLDE ET ACCESSOIRES. — MASSES.

Art. 33. Les régiments de spahis s'administrent comme les autres corps de cavalerie et sont soumis au même mode de surveillance administrative.

Art. 34. Toutefois, par dérogation à l'article 131 du décret du 14 janvier 1889 sur l'administration des corps de troupe, la solde et les accessoires de solde demeurent payables tous les dix jours dans les régiments de spahis algériens, les 1er, 11 et 21 de chaque mois.

Art. 35. La masse individuelle, la masse d'entretien, la masse de remonte et la masse de secours des régiments de spahis algériens sont supprimées; il est créé dans ces corps une masse d'habillement et une masse de harnachement.

Art. 36. La solde, les indemnités et les autres allocations en deniers, les primes d'engagement et de rengagement, attribuées aux régiments de spahis algériens, sont fixées par les tarifs annexés au présent décret (annexe n° 1).

## CHAPITRE V.

### REMONTE.

Art. 37. La remonte des régiments de spahis est assurée en principe par le service de la remonte générale.

Toutefois, les régiments de spahis algériens ont la faculté d'acheter dans le commerce les chevaux qui leur sont présentés et qui remplissent les conditions d'aptitude nécessaires.

Le nombre maximum de chevaux à acheter chaque année est fixé par le Ministre.

Art. 38. Pour les achats directs, il est institué à la portion centrale de chaque régiment, et au chef-lieu de station des escadrons détachés, une commission de trois membres composée de :

Un officier supérieur. . . . . *Président.*<br>
Un capitaine. . . . . . . . . ⎫<br>
Un vétérinaire. . . . . . . . ⎭ *Membres.*

Dans les escadrons détachés où il n'y a pas d'officier supérieur du corps, le capitaine commandant remplit les fonctions de président, et il est remplacé dans la commission par l'officier le plus élevé en grade de l'escadron, marchant immédiatement après lui.

Art. 39. Les sommes nécessaires au payement des achats directs seront avancées ou remboursées aux corps par le budget de la remonte générale.

Une instruction spéciale déterminera les règles à suivre à cet égard.

## CHAPITRE VI.

### DISPOSITIONS GÉNÉRALES ET TRANSITOIRES.

Art. 40. Le présent décret entrera en vigueur à partir du 1er janvier 1900.

Art. 41. Dans les régiments de spahis algériens, les hommes de troupe français et indigènes, comptant à l'effectif la veille de cette date, continueront à recevoir, même en cas de promotion ou de cassation, la solde, les hautes payes et les indemnités des anciens tarifs, savoir :

1° Les engagés et rengagés, jusqu'à l'expiration de l'engagement ou rengagement en cours ;

2° Les appelés, jusqu'au terme de leur service légal ;

3° Les commissionnés, jusqu'à l'époque à laquelle ils quitteront le service.

Art. 42. Les masses supprimées, savoir : la masse individuelle, la masse de remonte, la masse de secours et la masse d'entretien seront liquidées le jour du passage au nouveau régime ; une instruction ministérielle réglera les détails de la liquidation, ainsi que le mode de constitution de la masse d'habillement et de la masse de harnachement créées le 1er janvier 1900 dans chacun des trois régiments de spahis algériens.

Art. 43. Le compte de masse individuelle des spahis algériens, français et indigènes, figurant à l'effectif le jour de la liquidation, sera arrêté comme s'ils étaient libérés à cette date.

La valeur du cheval et des effets repris à chacun d'eux sera versée à son compte particulier, pour le montant lui en être payé le jour où il aura atteint le terme de son service légal, ou bien le terme de son contrat actuel, s'il est lié par un acte d'engagement ou de rengagement ; les commissionnés seront payés aussitôt après que leur compte aura été arrêté.

Art. 44. Les ressources en matières et en deniers, à provenir de la liquidation des masses supprimées, seront appliquées à la constitution des premières mises de la masse d'habillement et de la masse de harnachement, et aux payements à faire, en vertu de l'article précédent, aux spahis actuellement au service.

Art. 45. Sont et demeurent abrogées toutes les dispositions contraires au présent décret.

Art. 46. Le Ministre de la guerre est chargé de l'exécution du présent décret.

Fait à Paris, le 13 novembre 1899.

Signé : ÉMILE LOUBET.

Par le Président de la République :

*Le Ministre de la guerre,*

Signé : GALLIFFET.

# ANNEXE Nº 1.

**Tarif de la solde et des autres allocations accordées
aux militaires des régiments de spahis algériens.**

---

1º OFFICIERS (SOLDE ET INDEMNITÉS).

Les tarifs sont ceux annexés au décret du 27 décembre 1890.

2º SOLDE DE LA TROUPE.

---

*a*) Solde proprement dite.

Le tarif nº 4 (solde à cheval), annexé au décret du 27 décembre 1890, est applicable aux spahis français de tous grades.

Pour les indigènes, le tarif ci-dessous remplace celui donné par le tableau 2º qui fait suite au tarif nº 4 annexé au décret du 27 décembre 1890, savoir :

2º SOLDE DES INDIGÈNES DES RÉGIMENTS DE SPAHIS ALGÉRIENS.

| DÉSIGNATION DES GRADES. | SOLDE PAR JOUR | | OBSERVATIONS. |
| --- | --- | --- | --- |
| | de présence. | d'absence. | |
| | fr. c. | fr. c. | |
| Adjudant.......................... | 3 05 | 1 55 | |
| Maréchal des logis chef............... | 1 70 | 0 85 | |
| Maréchal des logis, maréchal des logis fourrier ........................... | 1 40 | 0 70 | |
| Brigadier fourrier et brigadier trompette. | 1 10 | 0 55 | |
| Brigadier........................... | 0 85 | 0 45 | |
| Trompette.......................... | 0 70 | 0 35 | |
| Spahis ............................ | 0 50 | 0 25 | |
| Spahis envoyés à la section de discipline. | 0 25 | » | |

*b*) Indemnité représentative de vivres.

Les sous-officiers, brigadiers et spahis français et indigènes ont droit à une indemnité représentative de vivres fixée à 0 fr. 55 par jour dans toutes les positions où ils reçoivent la solde de présence.

Cette indemnité cesse d'être allouée lorsque, suivant l'ordre du général commandant le 19º corps d'armée, la ration de vivres est distribuée en nature.

Lorsque, dans les cas prévus pour les hommes de troupe des

autres corps, les spahis de tous grades perçoivent des vivres à titre onéreux, ils en remboursent la valeur d'après le tarif annuel des trop-perçus.

*c)* Haute paye d'ancienneté.

Le tarif ci-dessous remplace celui donné par le tableau n° 3 du tarif n° 8 annexé au décret du 27 décembre 1890.

### Militaires indigènes des régiments de spahis (algériens et tunisiens).

| | 1re haute paye. | 2e haute paye. | 3e haute paye. | OBSERVATIONS. |
|---|---|---|---|---|
| | fr. c. | fr. c. | fr. c. | |
| 1° Sous-officiers, brigadiers et soldats des régiments de spahis algériens.......... | 0 10 | 0 15 | 0 20 | La 1re haute paye est acquise après 4 ans de service effectif. La 2e est acquise après 8 ans et la 3e après 15 ans de service effectif. |
| | HAUTE PAYE UNIQUE. | | | |
| 2° Sous-officiers, brigadiers et soldats du régiment de spahis tunisiens................ | 0 15 | | | Par jour, après 3 ans de service sans interruption. |

*d)* Primes d'engagement et de rengagement des indigènes.

Les primes d'engagement et de rengagement des indigènes des régiments de spahis algériens sont déterminées comme il est dit ci-après :

L'engagement donne droit à une prime de 400 francs payable : 250 francs le jour de l'engagement et 150 francs deux ans après.

Le premier rengagement donne droit à une prime de 350 francs, payable : 250 francs le jour de la signature de l'acte et 100 francs après deux ans de rengagement.

Le deuxième rengagement donne droit à une prime de 250 francs payable en entier le jour de la signature de l'acte.

Le troisième rengagement ne donne droit à aucune prime.

### 3° ABONNEMENTS.

#### *a)* Masse d'habillement.

Les prestations en deniers de la masse d'habillement créée dans chacun des régiments de spahis algériens sont celles déterminées par le tarif nº 1 du règlement du 16 novembre 1887 (édition de 1898) pour le régiment de spahis tunisiens.

Toutefois, la prime mensuelle est augmentée de 80 francs et portée à 500 francs dans les régiments algériens pour permettre d'allouer des secours aux sous-officiers, brigadiers et spahis indigènes les plus nécessiteux des escadrons mobiles.

Les états de distribution, dressés par les conseils d'administration, sont soumis à l'approbation dn général commandant la cavalerie d'Algérie : aucun secours ne peut être inférieur à 25 francs.

*b*) Masse de harnachement.

Les prestations sont celles du tarif nº 1, annexé au décret du 9 janvier 1896, modifié par celui du 8 octobre 1899, sauf en ce qui concerne la prime journalière pour le cheval de troupe ou mulet, qui est fixée à 0 fr. 08 pour tous les régiments de spahis, y compris le régiment tunisien.

*c*) Masse de chauffage.

Les allocations sont déterminées par la réglementation commune à toute l'armée ; toutefois, aucune perception n'est faite par les régiments de spahis algériens pour la cuisson des aliments, l'allocation nécessaire à cet égard étant comprise dans l'indemnité représentative de vivres de 0 fr. 55.

*d*) Masse des écoles.

Les prestations sont celles actuellement fixées par la note ministérielle du 24 décembre 1895.

# ANNEXE N° 2.

## Acte d'engagement volontaire

du sieur

**POUR LE  ° RÉGIMENT DE SPAHIS ALGÉRIENS.**

(1) Nom du sous-intendant militaire ou de l'officier faisant fonctions.

(2) Nom et prénoms de l'engagé.

(3) Tel endroit ou telle tribu.

(4) Noms et prénoms. Les deux témoins devront être pris parmi les officiers, sous-officiers, brigadiers et caporaux indigènes.

(5) Nom et prénoms.

(6) Assermenté ou non assermenté.

(7) Nom et grade du chef de corps.

(8) Sous-intendant militaire ou faisant fonctions de sous-intendant militaire.

L'an mil..... le..... à..... heures d..... s'est présenté devant nous (1)..... résidant à..... le sieur (2)..... âgé de..... ans, né à (3)..... province de..... fils du sieur..... et de..... résidant en dernier lieu à (3)..... province de....., taille de un mètre..... centimètres, cheveux et sourcils....,front....,yeux....,nez....,bouche....; menton....., visage.....

Marques particulières : .....

Lequel, assisté des sieurs (4)..... appelés comme témoins, et en présence de M. (5)..... interprète (6)..... résidant à....., a déclaré vouloir s'engager dans le.....e régiment de spahis algériens.

A cet effet, il nous a présenté un certificat délivré à la date du..... par M...... et approuvé par M. (7)..... constatant qu'il réunit les qualités nécessaires pour faire un bon service et qu'il peut être admis dans le..... e régiment de spahis algériens.

Nous (8)..... après avoir reconnu la régularité de ce certificat, avons fait expliquer les conditions de l'engagement dudit sieur (2)..... par l'interprète susnommé qui lui a donné, sur notre invitation, lecture et fait traduction des articles 15 du décret du 28 septembre 1889, relatif aux engagements volontaires, 10 de l'instruction ministérielle du 4 septembre 1897 sur l'insoumission, combinés, et 9, 12 et 13 du décret du 13 novembre 1899.

De plus, nous avons invité l'interprète à signifier au comparant que, outre le serment de fidélité à la France, il doit également déclarer, sur le Coran, s'il a ou non servi antérieurement dans l'armée et, dans le cas de l'affirmative, pendant combien de temps et à quel titre, et que si, sur ce dernier point, il faisait une réponse mensongère ou s'il dissimulait son véritable nom ou son état civil, il serait passible des peines édictées par l'article 10 du décret du 13 novembre 1899, dont traduction est immédiatement faite à haute voix par l'interprète susmentionné.

Après quoi, conformément aux dispositions des

décrets du 21 avril 1866, 22 septembre 1898 et 13 novembre 1899, nous avons reçu l'engagement du sieur (2)....., lequel, en présence des deux témoins et de l'interprète susdésignés, a prêté sur le Coran :

1º Le serment de fidélité à la France et a promis de servir avec honneur pendant quatre ans à compter de ce jour, partout où le gouvernement jugera utile de l'employer, et particulièrement sur toute l'étendue des possessions françaises en Afrique;

2º Le serment qu'il n'a jamais servi à aucun titre.

Lecture et traduction faites par l'interprète audit sieur (2)..... et aux témoins ci-dessus, les sieurs (9).....

*L'engagé,*          *Les témoins,*          *L'interprète,*

Si des signatures sont faites en caractères arabes, l'interprète constatera leur identité avec les noms portés dans le corps de l'acte, d'après la formule suivante :

« L'interprète soussigné certifie que les signatures en caractères arabes, apposées ci-dessus, sont bien celles des nommés..... désignés au présent acte. »

*L'interprète,*

*Le sous-intendant militaire
ou l'officier faisant fonctions,*

(9) Ont signé avec nous, *ou,* ayant déclaré ne savoir signer, ont apposé une croix en notre présence.

# ANNEXE N° 3.

## Acte de rengagement

du sieur

**DANS LE ° RÉGIMENT DE SPAHIS ALGÉRIENS.**

(1) Nom du sous-intendant militaire ou de l'officier faisant fonctions.

(2) Nom du rengagé.

(3) Grade et emploi du rengagé.

(4) Corps auquel il appartient.

(5) Tel endroit ou telle tribu.

(6) Noms et prénoms des deux témoins qui devront être pris parmi les officiers, sous-officiers, brigadiers et caporaux indigènes.

(7) Nom et prénoms.

(8) Assermenté ou non assermenté.

(9) Indiquer les pièces produites suivant que le militaire se rengage étant sous les drapeaux pour son corps ou pour un autre corps, ou qu'il se rengage après avoir quitté l'armée.

(10) Mention à annuler si l'intéressé n'est plus sous les drapeaux au moment où il contracte rengagement.

(11) Ont signé ou, ayant déclaré ne savoir signer, ont apposé une croix en notre présence.

L'an mil....., le....., à..... heures du....., s'est présenté devant nous (1)....., résidant à....., département d....., stationné à....., le sieur (2)....., (3)....., au (4)....., âgé de..... ans, né à (5)....., province de....., fils de....., et de...., taille de un mètre..... centimètres, cheveux....., sourcils....., yeux....., nez....., bouche....., menton....., visage....., marques particulières :

Lequel, assisté des sieurs (6)....., appelés comme témoins, et en présence de M. (7)....., interprète (8)....., résidant à.....

Nous a déclaré vouloir se rengager dans le.....° régiment de spahis algériens.

A cet effet, il nous a présenté (9).....

Nous,....., après avoir reconnu la régularité de ces pièces, avons fait expliquer les conditions du rengagement au sieur (2)....., par l'interprète susnommé, qui lui a, sur notre invitation, donné lecture et fait traduction des dispositions des articles 15 du décret du 28 septembre 1889 relatif aux engagements volontaires, 10 de l'instruction ministérielle du 4 septembre 1897 sur l'insoumission, combinés, et 10, 12 et 13 du décret du 13 novembre 1899.

En suite de quoi nous avons reçu le rengagement du sieur (2)....., lequel, en présence des deux témoins et de l'interprète susdésignés, a prêté serment sur le Coran et a promis de continuer à servir fidèlement la France, partout où le gouvernement jugera utile de l'employer, et particulièrement sur toute l'étendue du territoire de l'Algérie pendant l'espace de....., à compter du..... (jour (10) où cesse le service auquel il est actuellement lié).

Lecture et traduction faites par l'interprète audit sieur (2)..... et aux deux témoins susdésignés,

Les sieurs (11).....

*Le rengagé,        Les témoins,        L'interprète,*

Si des signatures sont faites en caractères arabes, l'interprète constatera leur identité avec les noms portés dans le corps de l'acte, d'après la formule suivante :

« L'interprète soussigné certifie que les signatures en caractères arabes apposées ci-dessus sont bien celles des nommés....., désignés au présent acte. »

*Le sous-intendant militaire
ou l'officier faisant fonctions,*

*L'interprète,*

# ANNEXE N° 4.

**Programme de l'examen d'aptitude au grade de sous-lieutenant indigène.**

### 1° PROGRAMME DE L'INSTRUCTION GÉNÉRALE.

Rédaction facile.

Problèmes d'arithmétique sur les règles de trois et le système métrique.

Notions de géographie.

Lecture de la carte.

Notions de comptabilité militaire.

### 2° PROGRAMME D'INSTRUCTION MILITAIRE.

#### *Instruction et exercices pratiques.*

Ecole du cavalier à pied et à cheval, école du peloton à pied et à cheval.

Commandement du peloton isolé et du peloton dans l'escadron isolé et à l'école de régiment.

Exercices d'application du service en campagne avec les cadres de l'escadron (conduite d'un peloton d'avant-garde, commandement d'un petit poste).

Enseignement préparatoire et exercices de tir.

Exercices d'embarquement en chemin de fer et de débarquement.

Exercices de mobilisation.

Rédaction d'un rapport succinct sur une petite opération de guerre.

Lecture de la carte sur le terrain.

#### *Enseignements divers et instruction théorique.*

Nomenclature et entretien des effets d'habillement, d'équipement, de harnachement et des armes.

Connaissance des bases de l'instruction en ce qui concerne les cavaliers, les brigadiers, les sous-officiers, les lieutenants et sous-lieutenants.

Paquetage.

Ecole du cavalier à pied et à cheval, école de peloton à pied et à cheval.

Ecole de l'escadron à pied et à cheval.

*Règlement sur le service intérieur.*

Devoirs des cavaliers, des brigadiers, des sous-officiers, des lieutenants et sous-lieutenants. — Postes de police. — Routes à l'intérieur. — Permissions. — Droit de punir. — Punitions. — Cassations. — Rétrogradations. — Suspensions. — Des détache-ments. — Hygiène des hommes et des chevaux.

*Règlement sur le service des places.*

Postes : devoirs et responsabilités des chefs de postes, des com-mandants de patrouilles et de rondes. — Honneurs à rendre.

*Règlement sur le service en campagne.*

Bases de l'instruction, devoirs des sous-officiers et des chefs de peloton ; dispositions concernant le peloton ou l'escadron en sta-tion, en marche, au cantonnement, au bivouac ; notions sur le service de découverte et sur les petites opérations de guerre.
Destructions.

*Hippologie.*

Extérieur du cheval : aplombs, tares, robes, âges, signa-lements.
Notions pratiques d'hygiène.

## ANNEXE N° 5.

### Programme de l'examen d'aptitude au grade de lieutenant indigène.

---

*Instruction et exercices pratiques.*

Commandement d'un peloton et d'un escadron à pied.

A cheval, commandement du peloton isolé et du peloton dans l'escadron, commandement de l'escadron isolé et de l'escadron à l'école de régiment.

Commandement d'un petit poste, conduite d'un peloton d'avant-garde.

Rédaction d'un rapport sur une petite opération de guerre.

Lecture de la carte sur le terrain.

*Enseignements divers et instruction théorique.*

---

#### Service en campagne.

Définitions relatives au terrain. Orientation. Devoirs des chefs de peloton en marche, en station, au cantonnement, au bivouac.

Notions sur le service de découverte.

Transmission des ordres.

Précautions à prendre pour les marches au départ, en cours de route, à l'arrivée.

Notions d'alimentation des troupes en campagne.

Hygiène en route, hommes et chevaux.

Escortes des convois.

Surprises, embuscades.

Destructions.

#### Service intérieur.

Devoirs des capitaines, devoirs des lieutenants et sous-lieutenants indigènes.

Devoirs des chefs de détachement.

Permissions. Punitions. Réclamations.

Hygiène des hommes et des chevaux.

Routes à l'intérieur.

Casernements.

Ordinaires.

Comptabilité de l'escadron.

*Service des places.*

Droit au commandement.
Devoirs et responsabilité des chefs de postes.
Rondes et patrouilles.
Honneurs à rendre.

*Hippologie.*

Extérieur du cheval : aplombs, tares, robes et signalements, âges, ferrures.
Alimentation du cheval.
Soins à donner aux chevaux malades ou blessés.
Examen du cheval en vente.

---

# INSTRUCTION

## DU 13 NOVEMBRE 1899

POUR LE

# FONCTIONNEMENT DU FONDS D'EXPLOITATION

### DES

## ESCADRONS SÉDENTAIRES

### DES

# RÉGIMENTS DE SPAHIS ALGÉRIENS

Art. 1er. L'objet du fonds d'exploitation est de pourvoir aux dépenses communes de chaque escadron sédentaire, en tant qu'établissement militaire.

Art. 2. Les recettes du fonds d'exploitation sont les suivantes :

1° A titre de première mise, le reliquat des ressources que possédait le fonds commun prévu par l'article 29 du décret du 1er mai 1897 ;

2° Le produit de la location des magasins, cafés maures, cantines et autres immeubles appartenant à l'établissement ;

3° Le produit des oliviers et autres arbres fruitiers et celui des récoltes provenant des terres non alloties, à l'exception du produit des jardins affectés aux cadres français ;

4° Le produit des amendes pour contraventions à la police agricole et rurale commises dans le domaine de l'établissement ;

5° Le versement, le cas échéant, par les officiers, des mensualités déterminées par le conseil d'administration pour l'entretien de la bibliothèque et du mobilier qui leur est affecté dans certains escadrons ;

6° Les dons et legs qui peuvent être faits à l'établissement.

Art. 3. Les dépenses du fonds d'exploitation sont les suivantes :

1° Frais d'hospitalité aux inspecteurs de tous grades et aux personnes que les circonstances obligent d'héberger (officiers et sous officiers autres que les invités personnels).

Ces frais sont fixés à 4 francs par journée de séjour et à 2 francs par repas pour les généraux et les officiers, à 2 francs par journée de séjour et 1 franc par repas pour les sous-officiers ;

2º Frais de bureau du maréchal des logis chef chargé de la comptabilité de l'établissement, fixés à 4 francs par mois, et achat des registres;

3º Indemnité mensuelle de 5 francs par jardinier et de 3 francs par garçon de chambres;

4º Dépenses diverses de semences et de plants pour le jardin et de matériel pour les clôtures et l'établissement des meules de fourrages;

5º Frais d'éclairage des chambres des hôtes;

6º Entretien des sources; seguias d'irrigation, fossés d'écoulement et chemins de culture;

7º Main-d'œuvre nécessaire à l'exploitation des terres non alloties, lorsque cette exploitation ne pourra être complètement assurée par les spahis et leurs khammès;

8º Entretien et renouvellement du mobilier des chambres des hôtes, du mobilier et du matériel de mess des officiers et sous-officiers;

9º Entretien de l'école, fournitures scolaires, prix et gratifications;

10º Achat et entretien du matériel d'exploitation pour les terres non alloties;

11º Réparations aux gourbis et autres locaux loués;

12º Entretien et extension des plantations d'arbres et de pépinières;

13º Achat de grains pour semences en cas de mauvaise récolte et d'insuffisance des réserves en silos;

14º Secours éventuels aux spahis nécessiteux, aux veuves et aux orphelins;

15º Dépenses diverses et imprévues, à l'exclusion absolue de tous frais ne se rapportant pas à l'exploitation du domaine et aux besoins communs de l'escadron.

Art. 4. Les dépenses numérotées 1 à 6 peuvent être engagées en tout temps par la commission de l'établissement, à la seule condition de rendre compte au conseil d'administration. En outre la commission aura toujours le droit d'engager les menues dépenses occasionnées par les dégradations subites et les remplacements d'objets indispensables, à condition qu'elles ne dépassent pas une quotité de 20 francs par mois.

Art. 5. Les dépenses numérotées 7 à 15 ne pourront être engagées et effectuées que sur l'ordre du conseil d'administration.

Administration et comptabilité.

Art. 6. Le fonds d'exploitation de chaque escadron sédentaire est administré par une commission composée du capitaine commandant et de tous les officiers présents, non compris ceux détachés.

En cas d'absence ou d'empêchement, le capitaine commandant

est remplacé par le capitaine en second dans la présidence ou, à défaut, par le lieutenant français le plus ancien.

Le maréchal des logis chef est secrétaire de la commission.

Art. 7. Les écritures et opérations auxquelles donnent lieu l'administration et la comptabilité de l'établissement sont consignées dans les registres ci-après, savoir :

1° Registre de la correspondance et des délibérations ;

2° Registre journal des recettes et dépenses ;

3° Registre d'entrée et sortie du matériel.

Art. 8. *Registre de la correspondance et des délibérations.* — Ce registre est destiné à recevoir l'enregistrement *in extenso* des délibérations de la commission d'escadron, de sa correspondance avec le conseil d'administration (envoyée et reçue), et notamment des demandes d'autorisation de dépenses, de ventes de produits, etc.

On y enregistrera en outre les ordres donnés soit par le chef de corps, soit par les généraux commandant le territoire et les inspecteurs généraux, la correspondance échangée avec les autorités ou le service de l'intendance et, d'une façon générale, tous les documents qui peuvent intéresser la gestion de l'escadron.

Art. 9. *Registre journal des recettes et dépenses.* Ce registre est destiné à recevoir l'inscription :

1° Par ordre de dates, de toutes les recettes faites par le fonds d'exploitation et de tous les payements effectués par la commission pour l'acquittement de ses dépenses ;

2° Des arrêtés des comptes lors de la réunion de la commission ou des vérifications.

Chaque article enregistré reçoit un numéro d'ordre qui est aussi inscrit sur la pièce justificative.

La série des numéros est annuelle.

Le registre est arrêté lors de chaque réunion de la commission, éventuellement en cas de mutation dans le commandement de l'escadron, lors des vérifications de caisse, et enfin au premier jour du trimestre.

Art. 10. Un extrait du registre journal est envoyé au conseil d'administration le 5 du mois qui suit chaque trimestre écoulé.

Cet extrait comprend la copie *in extenso* de toutes les recettes et dépenses de ce trimestre.

Les pièces justificatives sont annexées.

Art. 11. *Pièces justificatives des recettes et des dépenses.* — Les recettes s'opèrent et se justifient de la manière suivante :

1° Le produit de la location des immeubles appartenant à l'établissement et celui de la vente des récoltes provenant des terres non allotiés sont recouvrés par les soins de la commission et justifiés soit par des conventions écrites et par des marchés, soit par les récépissés des acquéreurs, indiquant la nature et la quantité des objets achetés et le prix d'achat. Les marchés sont soumis à l'approbation du conseil d'administration ;

2º Les recettes provenant de dons, legs, sont justifiées par les actes qui les ont constitués et par le récépissé de la commission ;

3º Les dépenses incombant au fonds d'exploitation sont payées par la commission directement ou après autorisation du conseil d'administration, suivant le cas, et justifiées par des mémoires de travaux quittancés, factures de fournitures acquittées, états émargés, etc.....

Ces justifications sont fournies sur papier libre. On pourra se servir des formules de quittances ou mémoires en usage dans la comptabilité commerciale.

Art. 12. *Fonds à conserver, fonds à déposer dans la caisse du corps. Retrait de fonds.* — Les fonds sont placés à part dans la caisse du commandant de l'établissement, qui en est responsable.

Si les fonds existant à chaque arrêté excèdent la somme de 200 francs, la différence en chiffres ronds est versée dans la caisse du corps dans les mêmes formes que pour les bonis d'ordinaire. Lorsqu'il y aura lieu de retirer tout ou partie de l'avoir déposé, la commission en demandera l'autorisation au conseil d'administration et le retrait s'effectuera comme il est indiqué ci-dessus pour les versements.

Art. 13. *Registre d'entrée et sortie du matériel.* — Ce registre est du modèle du registre du matériel appartenant à l'Etat (modèle 29 annexé au décret du 14 janvier 1889). C'est un inventaire permanent de toutes choses mobilières et immobilières qui existent dans l'établissement, savoir : les meubles, le matériel d'exploitation, les instruments aratoires et autres propres aux travaux communs, en un mot tous les objets achetés sur les fonds d'exploitation par la commission et payés par ses soins.

En cas de perte ou de détérioration non justifiée, la commission en explique les causes dans un procès-verbal.

A la fin de chaque année, la commission arrête le registre et procède au recensement du matériel. L'arrêté est fait en toutes lettres, par unité, et le résultat est porté en entrée au registre de l'année suivante. Ces deux documents sont ensuite envoyés au conseil d'administration, le dernier jour du premier mois de l'année commencée. Après vérification, l'ancien registre est déposé aux archives et le nouveau est renvoyé à la commissoin.

Le registre se divise en cinq chapitres, savoir :

1º Ameublement ;

2º Matériel d'exploitation, outils, instruments aratoires et de jardinage ;

3º Harnais, bâts, ustensiles et objets divers ;

4º Produits emmagasinés ;

5º Animaux.

Art. 14. *Surveillance administrative.* — La surveillance administrative du fonds d'exploitation est exercée par les fonctionnaires de l'intendance militaire, conformément à l'article 200 du règlement du 14 janvier 1889 sur l'administration des corps de troupe.

Les sous-intendants militaires vérifient, sur pièces, aux époques déterminées par les articles 10 et 13 ci-dessus, les comptes en deniers et les comptes du matériel.

Les généraux inspecteurs, les généraux commandants de territoires et les généraux de cavalerie dont dépendent les escadrons sédentaires et les fonctionnaires du corps du contrôle vérifient les écritures de comptabilité et procèdent à des recensements quand ils le jugent utile.